Novena para libertar-se de invejas e ciúmes

Felipe G. Alves

Novena para libertar-se de invejas e ciúmes

1ª Reimpressão

EDITORA
VOZES

Petrópolis

© 2007, Editora Vozes Ltda.
Rua Frei Luís, 100
25689-900 Petrópolis, RJ
www.vozes.com.br
Brasil

3ª edição, 2013.

Todos os direitos reservados. Nenhuma parte desta obra poderá ser reproduzida ou transmitida por qualquer forma e/ou quaisquer meios (eletrônico ou mecânico, incluindo fotocópia e gravação) ou arquivada em qualquer sistema ou banco de dados sem permissão escrita da editora.

Diretor editorial
Frei Antônio Moser

Editores
Aline dos Santos Carneiro
José Maria da Silva
Lídio Peretti
Marilac Loraine Oleniki

Secretário executivo
João Batista Kreuch

Editoração: Maria da Conceição Borba de Sousa
Projeto gráfico: AG.SR Desenv. Gráfico
Capa: Omar Santos

ISBN 978-85-326-3589-1

Editado conforme o novo acordo ortográfico.

Este livro foi composto e impresso pela Editora Vozes Ltda.

A INVEJA

Infeliz do invejoso, tentando estragar a vida dos outros! A inveja, uma vez plantada, cresce, cresce, conduzindo seu portador pelos caminhos da insensatez. Todo o mundo conhece seu defeito. Só o invejoso que não. Vejamos algumas de suas características:

Ele não aguenta que o outro conquiste, que o outro progrida, que o outro cresça. Como se enche de infelicidade, presenciando a vantagem ou a prosperidade do outro! Foi a inveja que levou Caim a matar Abel e os filhos de Jacó a vender seu irmão José.

E o invejado? Esse também sofre? Sofre, se acreditar que o vício do outro é capaz de prejudicá-lo. Mas, será que a inveja tem mesmo esse poder? De modo algum, pois quem governa o mundo não é o mal, mas o Deus providente que cuida até dos passarinhos. Muito mais de seus filhos. Mas o invejoso também é filho amado de Deus. E se ele o é, você poderá ajudá-lo, valorizando-o e conduzindo-o a acreditar em si mesmo.

Seja você compassivo! Descubra tudo de bom que o invejoso tem e elogie-o sempre que puder! Assim, você poderá até conquistar a amizade dele. Então, sua luz continuará a brilhar. E se mesmo assim você continuar sendo invejado? Simplesmente exerça a força do perdão, tal qual Jesus ensinou.

O CIÚME

Esse, em vez de temperar o amor, só tem o poder de tirar-lhe o sabor, enfraquecê-lo ou até mesmo destruí-lo. Se a inveja deseja possuir algo que não tem, o ciúme morre de medo de perder aquilo que tem (a pessoa amada). A harmonia do lar vai sumindo, o diálogo vai desaparecendo e o carinho diminuindo. Maldito ciúme que consegue tecer uma rede de mágoas, raiva, tristeza! Se não combatido, poderá desembocar no desespero ou na depressão.

O que torna alguém ciumento? Com certeza, a falta de confiança em si mesmo, a falta de autoestima, ao passo que a autovalorização destrói o ciúme por completo. Descubra tudo de bom que você tem! Faça o enciumado se valorizar! Amem-se e louvem a Deus por todos os seus valores!

Essa novena é para ser vivida em espírito de oração. Cristo tem o poder de mudar toda essa dor e todo esse peso que vive carregando. Ele quer vê-lo totalmente feliz.

PARA TODOS OS 9 DIAS

Oração inicial

Feche os olhos e sinta a luz de Deus cercando o mundo inteiro e envolvendo você de grande paz. E assim, de olhos fechados, reze, pausadamente, um **Pai-nosso**.

Oração final

Glória a Santa Bárbara, Santa Edwiges e Santa Rita, que destroem as tempestades de meu coração! Glória a São Judas Tadeu, Santo Expedito, Santo Antônio, que enchem meu coração com força e coragem! Glória a Santo Antônio Galvão e ao Servo de Deus Alderígi, que enchem minha casa de luz e de paz! Nossa Senhora Aparecida, sua vitória será totalmente minha vitória! Bom Pai do céu, debaixo de suas asas minha família está abrigada. Por isso, a inveja e o ciúme nunca mais irão perturbar a paz de nosso lar. Amém.

1º DIA – O CORAÇÃO COMPASSIVO CONSEGUE ACABAR COM AS GUERRAS INTERIORES

 1. Oração inicial (cf. início da novena)

2. Para que a paz inunde seu coração e sua casa, mergulhe agora na Palavra de Deus!

O que desejais que os outros vos façam, fazei-o também a eles. Se amais quem vos ama, que recompensa tereis? Porque os pecadores também amam os que os amam (Lc 6,31-32).

3. Reflita sobre o que leu e faça sua oração

Bom Pai, obrigado porque o Senhor me deu um coração compassivo! Os que me invejam estão sofrendo. Eles simplesmente estão a desejar o que eu tenho ou desejam ser como eu sou. Ora, isso não é nenhuma tragédia capaz de destruir minha paz interior. Bom Pai, abra meus olhos para que eu possa descobrir todos os seus valores! Abra-me um caminho para que eu possa chegar até eles e elogiá-los! Desse modo, estarei criando um mundo novo e fazendo deles meus amigos.

4. O Todo-poderoso está com você. Celebre-o pela certeza de sua vitória e porque ele está acabando com as guerras que se travavam em seu coração!

Deus é nosso refúgio e fortaleza, socorro sempre pronto nos perigos. Por isso não tememos, ainda que a terra se abale e os montes se afundem no seio dos mares, as águas se agitem e espumem e, com fúria, sacudam os montes. O Senhor Todo-poderoso está conosco, o Deus de Jacó é nosso baluarte.

Vinde contemplar os feitos do Senhor, os portentos que Ele opera sobre a terra! Faz cessar as guerras até os confins da terra, despedaça os arcos e quebra as lanças, queima os carros na fogueira. O Senhor Todo-poderoso está conosco, o Deus de Jacó é nosso baluarte (Sl 46,2-4.8-10.12).

 5. Oração final (cf. final da novena)

2º DIA – A PESSOA DE FÉ, FIRME NO AMOR DO BOM PAI, NÃO TEM MEDO DE NADA

 1. Oração inicial (cf. início da novena)

2. Para que a paz inunde seu coração e sua casa, mergulhe agora na Palavra de Deus!

Abençoai os que vos perseguem, abençoai-os e não praguejeis. Chorai com os que choram. Vivei em boa harmonia uns com os outros (Rm 12,14-16).

3. Reflita sobre o que leu e faça sua oração

Bom Pai, por que Balaão, conduzido para amaldiçoar Israel, só conseguiu abençoar? É porque, quando o Senhor abençoa, ninguém consegue prejudicar! Se eu sou seu filho muito amado, jamais irei me preocupar com maldições ou invejas. Se estou debaixo de suas asas, nenhuma inveja irá me prejudicar ou ameaçar o meu lar. Contra mim podem fazer de tudo – complôs, cartas, fofocas, intrigas, mau-olhado, macumba, feitiçaria. Nada pode me barrar. Se Deus é minha luz e salvação, a quem poderei temer? Eu sei que minha vereda "é como a luz da aurora, que vai brilhando mais e mais, até ser dia perfeito" (Pr 4,18). Amém.

4. A pessoa de fé, confiante no amor do bom Pai, não tem medo de nada e, por isso, em vez de viver se lamuriando, vive a louvar e bendizer. Celebre agora o Senhor!

Aleluia! Louvai, servos do Senhor, louvai o nome do Senhor! Bendito seja o nome do Senhor agora e para sempre!

Desde o nascer do sol até o ocaso, seja louvado o nome do Senhor!

Quem é igual ao Senhor nosso Deus?... Ele levanta do pó o desvalido, do monturo tira o indigente para sentá-lo com os nobres, com os nobres de seu povo (Sl 113,1-3.5-8).

5. Oração final (cf. final da novena)

3º DIA – VIVER NO ESPÍRITO É PRECISO

1. Oração inicial (cf. final início da novena)

2. Para que a paz inunde seu coração e sua casa, mergulhe agora na palavra de Deus!

Assim, pois, eu, preso por causa do Senhor, vos exorto a andardes de uma maneira digna da vocação a que fostes chamados, com toda a humildade e mansidão, com paciência, suportando-vos uns aos outros com caridade. Sede solícitos por conservar a unidade do espírito mediante o vínculo da paz. Sede um só corpo e um só espírito, assim como fostes chamados por vossa vocação para uma só esperança (Ef 4,1-4).

3. Reflita sobre o que leu e faça sua oração

Bom Pai, por que o ciúme está tão relacionado com a inveja? O Senhor não quer essa contenda, esse monte de ira, disputas, maledicências acompanhadas de arrogância, que brotam nos corações enciumados ou invejosos. O que nosso lar deseja, Pai, é viver no espírito. Grave em nossos corações as palavras de Paulo: Se vivemos do espírito, andemos também segundo o espírito. Não cobicemos glória vã, provocando e invejando uns aos outros! (Gl 5,25-26). Pai, nosso lar precisa ser curado. Pelo sangue de Jesus, liberte nossa casa de toda a inveja e ciúme! Amém.

4. Você pode deitar-se, dormir e despertar, pois é o Senhor quem o ampara. Você não precisa ter medo de nada, pois Ele vai quebrar os dentes do ciúme e da inveja. Por isso, com coração filial, celebre o seu Deus!

Tu, Senhor, és um escudo ao meu redor, és minha glória e manténs erguida minha cabeça. Se clamo, invocando o Senhor, Ele me responde do monte santo. Posso deitar-me, dormir e despertar, pois é o Senhor quem me ampara. Não temo a numerosa turba que me cerca com hostilidade.

Levanta-te, Senhor! Salva-me, ó Deus meu! Pois tu golpeias no rosto todos os inimigos e quebras os dentes dos ímpios (Sl 3,4-8).

 5. Oração final (cf. final da novena)

4º DIA – GRAÇAS TE DOU, PORQUE *FUI FEITO* TÃO GRANDE MARAVILHA

 1. Oração inicial (cf. início da novena)

2. Para que a paz inunde seu coração e sua casa, mergulhe agora na Palavra de Deus!

Um dos fariseus, doutor da Lei, perguntou a Jesus, para o testar: "Mestre, qual é o maior mandamento da Lei?" Jesus lhe respondeu: "Amarás o Senhor teu Deus de todo o coração, com toda a alma e com toda a mente. Este é o maior e o primeiro mandamento. Mas o segundo é semelhante a este: Amarás o próximo como a ti mesmo" (Mt 22,35-39).

3. Reflita sobre o que leu e faça sua oração

Altíssimo, que tudo criou com poder e amor. Eu e a pessoa que eu amo não somos simples criaturas. Somos mais.

Como filhos, quantos valores não nos enriquecem! Mas, como conseguiremos nos amar de verdade, se não descobrirmos essas riquezas? Como poderemos amar um ao outro, se devemos amar o próximo como amamos a nós mesmos? Pai, a nossa baixa autoestima, transformada em ciúme, não tem o direito de amarrar a pessoa amada, só para não a perder. Obrigado, Senhor, pelo dia em que nos amarmos de verdade, cada um a si mesmo! Então, não haverá necessidade de ninguém amarrar o outro e nós dois, totalmente livres, criaremos um amor recíproco que ninguém conseguirá destruir. Amém.

4. Tarefa do dia: Faça uma lista de todas as boas qualidades, virtudes e valores de você e da pessoa envolvida. Mesmo reconhecendo-se incapaz de enumerar todas as maravilhas que Deus colocou em seus corações, celebre-o!

Senhor, tu plasmaste meus rins, teceste-me no seio de minha mãe. Graças te dou, porque fui feito tão grande maravilha. Prodigiosas são tuas obras; sim, eu bem o reconheço. Quão insondáveis, ó Deus, são para mim teus desígnios, quão grande é sua soma! Pensava eu em contá-los, mas eram mais numerosos que a areia. Adverti, então, que todavia estou contigo (Sl 139,13-14.17-18).

 5. **Oração final** (cf. final da novena)

5º DIA – EM NAZARÉ HAVIA AMOR ARDENTE DO FUNDO DO CORAÇÃO

 1. **Oração inicial** (cf. início da novena)

2. Para que a paz inunde seu coração e sua casa, mergulhe agora na Palavra de Deus!

Em obediência à verdade, vos purificastes para praticardes um amor fraterno sincero. Amai-vos, pois, uns aos outros, ardentemente, do fundo do coração (1Pd 1,22).

3. Reflita sobre o que leu e faça sua oração

Que beleza a ternura e o amor ardente, vindo do fundo do coração de Jesus, Maria e de seu esposo, em sua simples e pobre casa, em Nazaré! Lá, todos eram livres para se doar, todos preparados para dar o maior amor! Pai amoroso, purifique a nossa casa de todo o sentimento de posse e insegurança! Como a possessão escraviza o outro! Livre-nos do amor seguido do medo de perder, criando o ciúme! Como o ciúme faz sofrer! Isso não é vida. Obrigado porque sua graça está aumentando a confiança entre nós, para que cada um possa no outro confiar, sem medo de ser trocado por outra pessoa! Que neste lar possa conviver gente encantada com as maravilhas e qualidades de cada um!

4. Celebrando a paz e a harmonia que vai reinar em seu lar, reze por alguma família, onde o ciúme domina e alguém lá dentro vive trancado, amarrado pelo outro, por medo de perdê-lo

Senhor, és tu que me tiraste do ventre materno e me confiaste aos seios de minha mãe. Desde o nascimento estou aos teus cuidados; desde o ventre de minha mãe Tu és o meu Deus. Não fiques tão longe de mim, pois o perigo está perto e não há quem me ajude. Abrem contra mim suas fauces leões que devoram e rugem. Não fiques tão longe, Senhor! Tu, minha força, vem depressa em minha ajuda! (Sl 22,10-12.14.20).

5. Oração final (cf. final da novena)

6º DIA – O SANGUE DE JESUS TEM O PODER DE DESTRUIR O MEDO DE PERDER ALGO CONQUISTADO

1. Oração inicial (cf. início da novena)

2. Para que a paz inunde seu coração e sua casa, mergulhe agora na Palavra de Deus!

Não façais nada por espírito de competição, por vanglória. Ao contrário, levados pela humildade, considerai uns aos outros superiores, não visando cada um o próprio interesse, mas o dos outros.

Tende em vós os mesmos sentimentos que Cristo Jesus teve: Ele, subsistindo na condição de Deus, não pretendeu reter para si ser igual a Deus. Mas aniquilou-se a si mesmo, assumindo a condição de escravo, tornando-se solidário com os homens. E, apresentando-se como simples homem, humilhou-se, feito obediente até a morte, até a morte da cruz (Fl 2,3-8).

3. Reflita sobre o que leu e faça sua oração

Bom Pai, feliz a família que tem a Cristo como Caminho, Verdade e Vida! Feliz da casa onde sua graça fez com que todos trilhassem o caminho do descer, para fazer o outro feliz! É o caminho do aniquilar-se em doação, para que o outro tenha vida em abundância! Aí não existe o ciúme, porque o sangue de Jesus tem o poder de destruir todo o medo de perder algo conquistado! Obrigado, Senhor!

4. Celebrando a paz e a harmonia que vai reinar em seu lar, reze, em nome de alguma família que sofre, dominada pelo ciúme. Reze por aquela pessoa que lá dentro vive trancada, amarrada por outra, que tem medo de perdê-la.

Salva-me, ó Deus! A água me chega até à garganta; afundo-me no lamaçal e não posso firmar o pé; estou submergido em água profunda, e a correnteza me arrasta. Estou esgotado de gritar, tenho a garganta rouca; meus olhos se anuviam de tanto aguardar o meu Deus. Responde-me, Senhor, porque tua misericórdia é benevolente! Por tua grande compaixão, volta-te para mim! Quanto a mim, indefeso e aflito, conforta-me, ó Deus, tua salvação! (Sl 69,2-4.17.30).

5. Oração final (cf. final da novena)

7º DIA – O PERDÃO É GRAÇA QUE ENCHE NOSSOS CORAÇÕES DE TOTAL CONFIANÇA

1. Oração inicial (cf. início da novena)

2. Para que a paz inunde seu coração e sua casa, mergulhe agora na Palavra de Deus!

Alegrai-vos com os que se alegram. Chorai com os que choram. Vivei em boa harmonia uns com os outros. Não vos deixeis levar pelo gosto das grandezas. Afeiçoai-vos às coisas modestas... Não pagueis a ninguém o mal com o mal. Procurai o bem aos olhos de todos os homens. Se for possível e na medida em que depender de vós, vivei em paz com todos os homens (Rm 12,15-18).

3. Reflita sobre o que leu e faça sua oração

Bom Pai, o Senhor é tão compassivo a ponto de afastar de nós os nossos pecados, como o Oriente dista do Ocidente. É por isso que Jesus nos ensinou que, sem perdão, nem sequer seríamos seus filhos. E o ciúme destruidor aí está, rondando nossas vidas, só porque no passado alguém teria tido algum deslize e, agora, tememos que isso se repita. No entanto, o poder de Jesus vencerá nosso orgulho e, do fundo do coração, perdoamos todos, especialmente os que formam o nosso lar.

(Nesse momento, perdoe mesmo que não sinta nada! Perdoe de verdade!) Pai, obrigado pelo perdão que é graça que enche nossos corações de alegria e total confiança! Por Cristo nosso Senhor. Amém.

4. O perdão é bênção que enche a vida de paz e harmonia e faz o céu de sua alma se encher de estrelas e sinos de esperança repicarem até o sol raiar. Com todas as famílias que dançam, celebrando o amor pleno, louve o bom Pai!

Eu te exalto, Senhor, porque me puseste a salvo, não deixando que, à minha custa, se alegrassem os inimigos. Senhor meu Deus, eu te pedi auxílio e me curaste. Senhor, livraste minha alma do abismo, fizeste-me reviver, para eu não baixar ao fosso. Mudaste meu luto em dança, desataste meu burel e me deste um hábito de festa, para que ressoe um canto em tua honra e ninguém fique calado. Senhor meu Deus, celebrar-te-ei para sempre (Sl 30,2-4.12-13).

 5. Oração final (cf. final da novena)

8º DIA – A FESTA DA VIDA EM ABUNDÂNCIA VENCENDO A ROTINA

 1. Oração inicial (cf. início da novena)

2. Para que a paz inunde seu coração e sua casa, mergulhe agora na Palavra de Deus!

Finalmente, tende todos um mesmo sentir, sede compassivos, fraternais, misericordiosos, humildes. Não pagueis mal com mal nem injúria com injúria. Ao contrário, abençoai, pois fostes chamados para serdes herdeiros da bênção (1Pd 3,8-9).

3. Reflita sobre o que leu e faça sua oração

Bom Pai, eu sei que o Senhor não inventou o ciúme. Ele só foi chegando quando o diálogo e a troca de carinho foram se esmaecendo em nosso lar, dominado pela rotina. Pai, ensina-nos a cultivar novamente o romantismo e a compreensão! Ninguém que ama seja atormentado nessa casa com perguntinhas, exigências e comentários que só servem para irritar! Que aqui todos saibam se valorizar, investindo mais em si mesmos! Possamos juntos achegarmo-nos à mesa da vida, não com garfo e faca, mas nos lambuzando! Será que Jesus se trancou numa oficina ou numa sinagoga para sempre? Não é Ele quem saía para festas, banquetes e gostava de subir montanhas e dar passeios de barco? Vida. Vida em plenitude.

4. Tarefa especial para este dia

Dê um presente ou faça uma surpresa agradável a essa pessoa envolvida no ciúme!

5. Se o mundo é tão bonito, se você é tão importante e tão rico de boas qualidades; se sua família está sendo conduzida para maravilhosa harmonia, encha seu coração de louvores ao bom Deus que quer tudo de bom para o seu lar! Celebre-o!

Aleluia! Feliz o homem que teme o Senhor e muito se compraz em seus mandamentos! Sua linhagem será poderosa sobre a terra, geração abençoada de homens honestos. Em sua casa haverá riqueza e fartura e sua justiça permanecerá para sempre. Ele brilha para os homens honestos, como a luz nas trevas: é bondoso, compassivo e justo (Sl 112,1-4).

Feliz a mulher convocada por Deus a assumir o seu importante papel na construção de um mundo novo! Grande o poder da mulher que gera homens novos, famílias novas, para um mundo novo, através de sua missão de mãe, profissional, amiga, companheira e educadora! Salve Maria, exemplo maior de quem se deixou impregnar pelo Espírito do Evangelho, permanecendo firme ao pé da cruz, porque acreditou! (*Oração baseada em Luzia Santiago.*)

6. Oração final (cf. final da novena)

9º DIA – DEUS É AMOR

1. Oração inicial (cf. início da novena)

2. Para que a paz inunde seu coração e sua casa, mergulhe agora na Palavra de Deus!

O lava-pés: Levantou-se Jesus, então, da mesa, tirou o manto, tomou uma toalha e amarrou-a na cintura. Depois derramou água numa bacia e começou a lavar os pés dos discípulos e a enxugá-los com a toalha da cintura.

O mandamento novo: "Eu vos dou um novo mandamento: que vos ameis uns aos outros. Assim como eu vos amei, amai-vos também uns aos outros. Todos saberão que sois meus discípulos, se vos amardes uns aos outros" (Jo 13, 34-35).

3. Reflita sobre o que leu e faça sua oração

Pai, do Senhor somos filhos felizes, pois o sangue de Jesus lavou nossos ciúmes e desarmou todo o poder da inveja que tentava derrubar nossa casa. Podem vir as tempestades e ela continuará firme. Obrigado, bom Pai, porque aprendemos de Cristo a beleza de lavar os pés uns dos outros! Obrigado, bom Pai, porque o Senhor escreveu em nossos corações o mandamento novo: "Amar como Jesus amou". Bendito seja o seu nome, porque plantou em nós os frutos do "amor, da alegria, da paz, da bondade, da fidelidade e da mansidão"! (Gl 5,22). Obrigado, bom Pai, por Cristo, na unidade do Espírito Santo. Amém.

4. Já que Jesus transformou sua vida e a vida de seu lar, que bom celebrar o bom Deus, com o hino ao Amor!

Se falar as línguas de homens e anjos, mas não tiver a caridade, sou como bronze que soa ou tímpano que retine. E se possuir o dom da profecia e conhecer todos os mistérios e toda a ciência e alcançar tanta fé que chegue a transportar montanhas, mas não tiver a caridade, nada sou. E se repartir toda a minha fortuna e entregar meu corpo ao fogo mas não tiver a caridade nada disso me aproveita... No presente permanecem estas três: fé, esperança e caridade; delas, porém, a mais excelente é a caridade (1Cor 13,1-3.13).

5. Oração final (cf. final da novena)